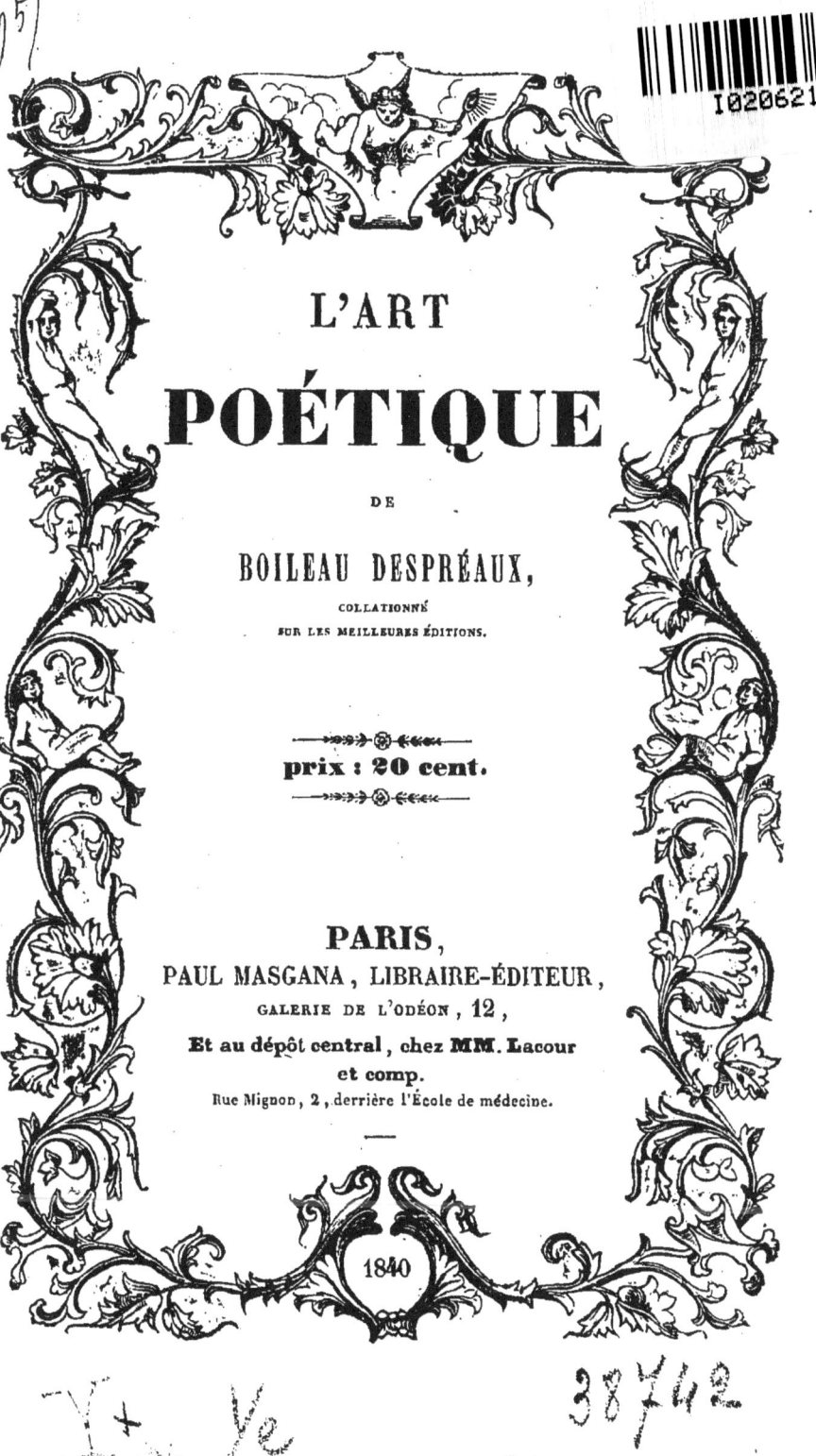

L'ART POÉTIQUE

DE

BOILEAU DESPRÉAUX,

COLLATIONNÉ
SUR LES MEILLEURES ÉDITIONS.

prix : 20 cent.

PARIS,
PAUL MASGANA, LIBRAIRE-ÉDITEUR,
GALERIE DE L'ODÉON, 12,
Et au dépôt central, chez MM. Lacour
et comp.
Rue Mignon, 2, derrière l'École de médecine.

1840

L'ART
POÉTIQUE,

DE

BOILEAU DESPRÉAUX,

collationné
SUR LES MEILLEURES ÉDITIONS.

Prix : 20 centimes.

𝔄 𝔓𝔞𝔯𝔦𝔰,

PAUL MASGANA, LIBRAIRE-ÉDITEUR,
GALERIE DE L'ODÉON, 12.
ET AU DÉPOT CENTRAL, CHEZ MM. LACOUR ET C°,
Rue Mignon 2, derrière l'École de médecine.

1840

Paris. — Imprimerie de P. Baudoin, rue Mignon, 2.

L'ART POÉTIQUE.

CHANT PREMIER.

C'est en vain qu'au Parnasse un téméraire auteur
Pense de l'art des vers atteindre la hauteur :
S'il ne sent point du ciel l'influence secrète,
Si son astre en naissant ne l'a formé poète,
Dans son génie étroit il est toujours captif ;
Pour lui Phébus est sourd, et Pégase est rétif.
  O vous donc qui, brûlant d'une ardeur périlleuse,
Courez du bel esprit la carrière épineuse :
N'allez pas sur des vers sans fruit vous consumer,
Ni prendre pour génie un amour de rimer ;
Craignez d'un vain plaisir les trompeuses amorces,
Et consultez longtemps votre esprit et vos forces.
  La nature fertile en esprits excellens,
Sait entre les auteurs partager les talens :
L'un peut tracer en vers une amoureuse flamme :
L'autre d'un trait plaisant aiguiser l'épigramme.
Malherbe d'un héros peut vanter les exploits ;
Racan, chanter Philis, les bergers et les bois.
Mais souvent un esprit, qui se flatte et qui s'aime,
Méconnaît son génie, et s'ignore soi-même.
Ainsi tel autrefois qu'on vit avec Faret
Charbonner de ses vers les murs d'un cabaret,
S'en va, mal à propos, d'une voix insolente,
Chanter du peuple hébreu la fuite triomphante,

Et poursuivant Moïse au travers des déserts,
Court avec Pharaon se noyer dans les mers.

Quelque sujet qu'on traite, ou plaisant ou sublime,
Que toujours le bon sens s'accorde avec la rime;
L'un l'autre vainement ils semblent se haïr;
La rime est une esclave, et ne doit qu'obéir.
Lorsqu'à la bien chercher d'abord on s'évertue,
L'esprit à la trouver aisément s'habitue.
Au joug de la raison sans peine elle fléchit,
Et loin de la gêner, la sert et l'enrichit.
Mais lorsqu'on la néglige, elle devient rebelle;
Et pour la rattraper, le sens court après elle.
Aimez donc la raison. Que toujours vos écrits
Empruntent d'elle seule et leur lustre et leur prix.

La plupart, emportés d'une fougue insensée,
Toujours loin du droit sens vont chercher leur pensée.
Ils croiraient s'abaisser dans leurs vers monstrueux,
S'ils pensaient ce qu'un autre a pu penser comme eux.
Évitons ces excès. Laissons à l'Italie
De tous ces faux brillans l'éclatante folie.
Tout doit tendre au bon sens : mais pour y parvenir,
Le chemin est glissant et pénible à tenir;
Pour peu qu'on s'en écarte, aussitôt on se noie.
La raison pour marcher n'a souvent qu'une voie.

Un auteur quelquefois trop plein de son objet,
Jamais sans l'épuiser n'abandonne un sujet.
S'il rencontre un palais, il m'en dépeint la face;
Il me promène après de terrasse en terrasse.
Ici s'offre un perron ; là règne un corridor.
Là ce balcon s'enferme en un balustre d'or.
Il compte des plafonds les ronds et les ovales.
« Ce ne sont que festons, ce ne sont qu'astragales. »
Je saute vingt feuillets pour en trouver la fin ;
Et je me sauve à peine au travers du jardin.

Fuyez de ces auteurs l'abondance stérile ;
Et ne vous chargez point d'un détail inutile.
Tout ce qu'on dit de trop est fade et rebutant :
L'esprit rassasié le rejette à l'instant.
Qui ne sait se borner, ne sut jamais écrire.

Souvent la peur d'un mal nous conduit dans un pire.
Un vers était trop faible, et vous le rendez dur.
J'évite d'être long et je deviens obscur.
L'un n'est point trop fardé ; mais sa muse est trop nue.
L'autre a peur de ramper, il se perd dans la nue.

Voulez-vous du public mériter les amours ?
Sans cesse en écrivant variez vos discours.
Un style trop égal et toujours uniforme,
En vain brille à nos yeux : il faut qu'il nous endorme.
On lit peu ces auteurs, nés pour nous ennuyer,
Qui toujours sur un ton semblent psalmodier.

Heureux qui dans ses vers sait d'une voix légère,
Passer du grave au doux, du plaisant au sévère !
Son livre aimé du ciel, et chéri des lecteurs,
Est souvent chez Barbin entouré d'acheteurs.

Quoi que vous écriviez, évitez la bassesse :
Le style le moins noble a pourtant sa noblesse.
Au mépris du bon sens, le burlesque effronté
Trompa les yeux d'abord, plut par sa nouveauté.
On ne vit plus en vers que pointes triviales :
Le Parnasse parla le langage des halles,
La licence à rimer alors n'eut plus de frein.
Apollon travesti devint un Tabarin.
Cette contagion infecta les provinces,
Du clerc et du bourgeois passa jusqu'aux princes,
Le plus mauvais plaisant eut ses approbateurs,
Et jusqu'à d'Assouci, tout trouva des lecteurs.
Mais de ce style enfin la cour désabusée,
Dédaigna de ces vers l'extravagance aisée ;

Distingua le naïf du plat et du bouffon,
Et laissa la province admirer le Typhon.
Que ce style jamais ne souille votre ouvrage.
Imitons de Marot l'élégant badinage ;
Et laissons le burlesque aux plaisans du Pont-Neuf.
    Mais n'allez point aussi sur les pas de Brébeuf,
Même en une Pharsale, entasser sur les rives
« De morts et de mourans cent montagnes plaintives. »
Prenez mieux votre ton. Soyez simple avec art,
Sublime sans orgueil, agréable sans fard.
    N'offrez rien au lecteur que ce qui peut lui plaire ;
Ayez pour la cadence une oreille sévère.
Que toujours dans vos vers, le sens coupant les mots,
Suspende l'hémistiche, en marque le repos.
    Gardez qu'une voyelle à courir trop hâtée,
Ne soit d'une voyelle en son chemin heurtée.
    Il est un heureux choix de mots harmonieux.
Fuyez des mauvais sons le concours odieux.
Le vers le mieux rempli, la plus noble pensée
Ne peut plaire à l'esprit quand l'oreille est blessée.
    Durant les premiers ans du Parnasse françois,
Le caprice tout seul faisait toutes les lois.
La rime, au bout des mots assemblés sans mesure,
Tenait lieu d'ornemens, de nombre et de césure.
Villon sut le premier, dans ces siècles grossiers,
Débrouiller l'art confus de nos vieux romanciers.
Marot bientôt après fit fleurir les ballades,
Tourna des triolets, rima des mascarades ;
A des refrains réglés asservit les rondeaux,
Et montra pour rimer des chemins tout nouveaux.
Ronsard, qui le suivit, par une autre méthode,
Réglant tout, brouilla tout, fit un art à sa mode,
Et toutefois longtemps eut un heureux destin.
Mais sa muse, en français, parlant grec et latin,

Vit dans l'âge suivant, par un retour grotesque,
Tomber de ses grands mots le faste pédantesque.
Ce poète orgueilleux trébuché de si haut,
Rendit plus retenus Desportes et Bertaut.

Enfin Malherbe vint, et, le premier en France,
Fit sentir dans les vers une juste cadence :
D'un mot mis en sa place enseigna le pouvoir,
Et réduisit la muse aux règles du devoir.
Par ce sage écrivain la langue réparée
N'offrit plus rien de rude à l'oreille épurée.
Les stances avec grâce apprirent à tomber,
Et le vers sur le vers n'osa plus enjamber.
Tout reconnut ses lois ; et ce guide fidèle
Aux auteurs de ces temps sert encor de modèle.
Marchez donc sur ses pas ; aimez la pureté,
Et de son tour heureux imitez la clarté.
Si le sens de vos vers tarde à se faire entendre,
Mon esprit aussitôt commence à se détendre ;
Et de vos vains discours prompt à se détacher,
Ne suit point un auteur qu'il faut toujours chercher.

Il est certains esprits, dont les sombres pensées
Sont d'un nuage épais toujours embarrassées :
Le jour de la raison ne le saurait percer.
Avant donc que d'écrire, apprenez à penser.
Selon que notre idée est plus ou moins obscure,
L'expression la suit, ou moins nette ou plus pure :
Ce que l'on conçoit bien, s'énonce clairement,
Et les mots pour le dire arrivent aisément.
Surtout qu'en vos écrits la langue révérée
Dans vos plus grands excès vous soit toujouss sacrée.
En vain vous me frappez d'un son mélodieux,
Si le terme est impropre, ou le tour vicieux :
Mon esprit n'admet point un pompeux barbarisme,
Ni d'un vers ampoulé l'orgueilleux solécisme :

Sans la langue, en un mot, l'auteur le plus divin
Est toujours, quoiqu'il fasse, un méchant écrivain.
Travaillez à loisir, quelque ordre qui vous presse,
Et ne vous piquez point d'une folle vitesse :
Un style si rapide, et qui court en rimant,
Marque moins trop d'esprit, que peu de jugement.
J'aime mieux un ruisseau, qui sur sa molle arène,
Dans un pré plein de fleurs lentement se promène,
Qu'un torrent débordé, qui d'un cours orageux,
Roule, plein de gravier, sur un terrain fangeux.
Hâtez-vous lentement; et, sans perdre courage,
Vingt fois sur le métier remettez votre ouvrage.
Polissez-le sans cesse, et le repolissez :
Ajoutez quelquefois, et souvent effacez.

   C'est peu qu'un ouvrage où les fautes fourmillent,
Des traits d'esprit semés de temps en temps pétillent.
Il faut que chaque chose y soit mise en son lieu ;
Que le début, la fin, répondent au milieu ;
Que d'un art délicat les pièces assorties
N'y forment qu'un seul tout de diverses parties ;
Que jamais du sujet le discours s'écartant,
N'aille chercher trop loin quelque mot éclatant.

   Craignez-vous pour vos vers la censure publique ?
Soyez-vous à vous-même un sévère critique.
L'ignorance toujours est prête à s'admirer.

   Faites-vous des amis prompts à vous censurer;
Qu'ils soient de vos écrits les confidens sincères,
Et de tous vos défauts les zélés adversaires :
Dépouillez devant eux l'arrogance d'auteur,
Mais sachez de l'ami discerner le flatteur :
Tel vous semble applaudir, qui vous raille et vous joue.
Aimez qu'on vous conseille, et non pas qu'on vous loue.

   Un flatteur aussitôt cherche à se récrier :
Chaque vers qu'il entend, le fait extasier.

Tout est charmant, divin, aucun mot ne le blesse !
Il trépigne de joie, il pleure de tendresse :
Il vous comble partout d'éloges fastueux.
La vérité n'a point cet air impétueux.

Un sage ami, toujours rigoureux, inflexible,
Sur vos fautes jamais ne vous laisse paisible :
Il ne pardonne point les endroits négligés,
Il renvoie en leurs lieux les vers mal arrangés,
Il réprime des mots l'ambitieuse emphase ;
Ici le sens le choque, et plus loin c'est la phrase.
Votre construction semble un peu s'obscurcir :
Ce terme est équivoque, il le faut éclaircir.
C'est ainsi que vous parle un ami véritable.
Mais souvent sur ses vers un auteur intraitable
A les protéger tous se croit intéressé,
Et d'abord prend en main le droit de l'offensé.
De ces vers, direz-vous, l'expression est basse. —
Ah ! monsieur, pour ce vers je vous demande grâce,
Répondra-t-il d'abord. — Ce mot me semble froid,
Je le retrancherais. — C'est le plus bel endroit ! —
Ce tour ne me plaît pas. — Tout le monde l'admire !
Ainsi toujours constant à ne se point dédire,
Qu'un mot dans son ouvrage ait paru vous blesser,
C'est un titre chez lui pour ne point l'effacer.
Cependant, à l'entendre, il chérit la critique :
Vous avez sur ses vers un pouvoir despotique.
Mais tout ce beau discours dont il vient vous flatter
N'est rien qu'un piége adroit pour vous les réciter.
Aussitôt il vous quitte; et, content de sa muse,
S'en va chercher ailleurs quelque fat qu'il abuse :
Car souvent il en trouve. Ainsi qu'en sots auteurs,
Notre siècle est fertile en sots admirateurs ;
Et, sans ceux que fournit la ville et la province,
Il en est chez le duc, il en est chez le prince.

L'ouvrage le plus plat a, chez les courtisans,
De tout temps rencontré de zélés partisans;
Et, pour finir enfin par un trait de satire,
Un sot trouve toujours un plus sot qui l'admire.

CHANT SECOND.

Telle qu'une bergère, au plus beau jour de fête,
De superbes rubis ne charge point sa tête,
Et, sans mêler à l'or l'éclat des diamans,
Cueille en un champ voisin ses plus beaux ornemens :
Telle, aimable en son air, mais humble dans son style,
Doit éclater sans pompe une élégante Idylle.
Son tour simple et naïf n'a rien de fastueux,
Et n'aime point l'orgueil d'un vers présomptueux.
Il faut que sa douceur flatte, chatouille, éveille,
Et jamais de grands mots n'épouvante l'oreille.
Mais souvent dans ce style un rimeur aux abois
Jette là, de dépit, la flûte et le hautbois;
Et, follement pompeux, dans sa verve indiscrète,
Au milieu d'un églogue entonne la trompette.
De peur de l'écouter Pan fuit dans les roseaux;
Et les nymphes, d'effroi, se cachent sous les eaux.
Au contraire cet autre, abject en son langage,
Fait parler ses bergers comme on parle au village.
Ses vers plats et grossiers, dépouillés d'agrément,
Toujours baisent la terre, et rampent tristement :
On dirait que Ronsard, sur ses pipeaux rustiques,
Vient encore fredonner ses idylles gothiques,
Et changer, sans respect de l'oreille et du son,
Lycidans en Pierrot, et Philis en Toinon.

Entre ces deux excès la route est difficile.
Suivez, pour la trouver, Théocrite et Virgile :
Que leurs tendres écrits, par les Grâces dictés,
Ne quittent point vos mains, jour et nuit feuilletés.
Seuls, dans leurs doctes vers, ils pourront vous apprendre
Par quel art sans bassesse un auteur peut descendre ;
Chanter Flore, les champs, Pomone, les vergers ;
Au combat de la flûte animer deux bergers ;
Des plaisirs de l'amour vanter la douce amorce ;
Changer Narcisse en fleur, couvrir Daphné d'écorce ;
Et par quel art encor l'Églogue quelquefois
Rend dignes d'un consul la campagne et les bois.
Telle elle de ce poème et la force et la grâce.

D'un ton un peu plus haut, mais pourtant sans audace,
La plaintive Élégie, en longs habits de deuil,
Sait, les cheveux épars, gémir sur un cercueil.
Elle peint des amans la joie et la tristesse ;
Flatte, menace, irrite, apaise une maîtresse.
Mais, pour bien exprimer ces caprices heureux,
C'est peu d'être poète, il faut être amoureux.

Je hais ces vains auteurs dont la muse forcée
M'entretient de ses feux, toujours froide et glacée ;
Qui s'affligent par art, et, fous de sens rassis,
S'érigent, pour rimer, en amoureux transis.
Leurs transports les plus doux ne sont que phrases vaines ;
Ils ne savent jamais que se charger de chaînes,
Que bénir leur martyr, adorer leur prison,
Et faire quereller le sens et la raison.
Ce n'était pas jadis sur ce ton ridicule
Qu'Amour dictait les vers que soupirait Tibulle,
Ou que, du tendre Ovide animant les doux sons,
Il donnait de son art les charmantes leçons.
Il faut que le cœur seul parle dans l'Élégie.
L'Ode, avec plus d'éclat, et non moins d'énergie,

Élevant jusqu'au ciel son vol ambitieux,
Entretient dans ses vers commerce avec les dieux.
Aux athlètes dans Pise elle ouvre la barrière,
Chante un vainqueur poudreux au bout de la carrière,
Mène Achille sanglant aux bords du Simoïs,
Ou fait fléchir l'Escaut sous le joug de Louis.
Tantôt, comme une abeille ardente à son ouvrage,
Elle s'en va de fleurs dépouiller le rivage :
Elle peint les festins, les danses et les ris ;
Vante un baiser cueilli sur les lèvres d'Iris,
Qui mollement résiste, et, par un doux caprice,
Quelquefois le refuse, afin qu'on le ravisse.
Son style impétueux souvent marche au hasard :
Chez elle un beau désordre est un effet de l'art.
  Loin ces rimeurs craintifs dont l'esprit flegmatique
Garde dans ses fureurs un ordre didactique ;
Qui, chantant d'un héros les progrès éclatans,
Maigres historiens, suivront l'ordre des temps.
Ils n'osent un moment perdre un sujet de vue :
Pour prendre Dole, il faut que Lille soit rendue ;
Et que leur vers exact, ainsi que Mézeray,
Ait fait déjà tomber les remparts de Courtray.
Apollon de son feu leur fut toujours avare.
  On dit, à ce propos, qu'un jour ce Dieu bizarre,
Voulant pousser à bout tous les rimeurs françois,
Inventa du sonnet les rigoureuses lois ;
Voulut qu'en deux quatrains de mesure pareille,
La rime avec deux sons frappât huit fois l'oreille ;
Et qu'ensuite six vers artistement rangés
Fussent en deux tercets par le sens partagés.
Surtout de ce poëme il bannit la licence :
Lui-même en mesura le nombre et la cadence,
Défendit qu'un vers faible y pût jamais entrer,
Ni qu'un mot déjà mis osât s'y remontrer.

Du reste il l'enrichit d'une beauté suprême :
Un sonnet sans défaut vaut seul un long poème.
Mais en vain mille auteurs y pensent arriver;
Et cet heureux phénix est encore à trouver.
A peine dans Gambaut, Mainard et Malleville,
En peut-on admirer deux ou trois entre mille :
Le reste, aussi peu lu que ceux de Pelletier,
N'a fait de chez Sercy qu'un saut chez l'épicier.
Pour enfermer son sens dans la borne prescrite,
La mesure est toujours trop longue ou trop petite.

 L'Épigramme plus libre, en son tour plus borné,
N'est souvent qu'un bon mot de deux rimes orné.
Jadis de nos auteurs les pointes ignorées
Furent de l'Italie en nos vers attirées.
Le vulgaire, ébloui de leur faux agrément,
A ce nouvel appât courut avidement.
La faveur du public excitant leur audace,
Leur nombre impétueux inonda le Parnasse :
Le Madrigal d'abord en fut enveloppé ;
Le Sonnet orgueilleux lui-même en fut frappé ;
La Tragédie en fit ses plus chères délices ;
L'Élégie en orna ses douloureux caprices ;
Un héros sur la scène eut soin de s'en parer,
Et sans pointe un amant n'osa plus soupirer ;
On vit tous les bergers, dans leurs plaintes nouvelles,
Fidèles à la pointe encor plus qu'à leurs belles ;
Chaque mot eut toujours deux visages divers :
La prose la reçut aussi bien que les vers ;
L'avocat au palais en hérissa son style,
Et le docteur en chaire en sema l'évangile.

 La raison outragée enfin ouvrit les yeux,
La chassa pour jamais des discours sérieux ;
Et, dans tous ses écrits la déclarant infâme,
Par grâce lui laissa l'entrée en l'Épigramme,

Pourvu que sa finesse, éclatant à propos,
Roulât sur la pensée, et non pas sur les mots.
Ainsi de toutes parts les désordres cessèrent.
Toutefois à la cour les turlupins restèrent,
Insipides plaisans, bouffons infortunés,
D'un jeu de mots grossiers partisans surannés.
Ce n'est pas quelquefois qu'une muse un peu fine
Sur un mot, en passant ne joue et ne badine,
Et d'un sens détourné n'abuse avec succès:
Mais fuyez sur ce point un ridicule excès;
Et n'allez pas toujours d'une pointe frivole
Aiguiser par la queue une épigramme folle.

    Tout poème est brillant de sa propre beauté.
Le Rondeau, né gaulois, a la naïveté.
La Ballade, asservie à ses vieilles maximes,
Souvent doit tout son lustre au caprice des rimes.
Le Madrigal, plus simple et plus noble en son tour,
Respire la douceur, la tendresse et l'amour.

    L'ardeur de se montrer, et non pas de médire,
Arma la Vérité du vers de la satire.
Lucile le premier osa la faire voir;
Aux vices des Romains présenta le miroir,
Vengea l'humble vertu de la richesse altière,
Et l'honnête homme à pied du faquin en litière.

    Horace à cette aigreur mêla son enjouement:
On ne fut plus ni fat ni sot impunément;
Et malheur à tout nom qui, propre à la censure,
Put entrer dans un vers sans rompre la mesure!

    Perse, en ses vers obscurs, mais serrés et pressans,
Affecta d'enfermer moins de mots que de sens.

    Juvénal, élevé dans les cris de l'école,
Poussa jusqu'à l'excès sa mordante hyperbole.
Ses ouvrages, tout pleins d'affreuses vérités,
Étincellent pourtant de sublimes beautés;

Soit que sur un écrit arrivé de Caprée
Il brise de Séjan la statue adorée ;
Soit qu'il fasse au conseil courir les sénateurs,
D'un tyran soupçonneux pâles adulateurs ;
Ou que, poussant à bout la luxure latine,
Aux portefaix de Rome il vende Messaline.
Ses écrits pleins de feu partout brillent aux yeux.
  De ces maîtres savans disciple ingénieux,
Régnier, seul parmi nous formé sur leurs modèles,
Dans son vieux style encore a des grâces nouvelles.
Heureux, si ses discours, craints du chaste lecteur,
Ne se sentaient des lieux où fréquentait l'auteur;
Et si, du son hardi de ses rimes cyniques,
Il n'alarmait souvent les oreilles pudiques !
  Le latin dans les mots, brave l'honnêteté :
Mais le lecteur français veut être respecté ;
Du moindre sens impur la liberté l'outrage,
Si la pudeur des mots n'en adoucit l'image.
Je veux dans la satire un esprit de candeur,
Et fuis un effronté qui prêche la pudeur.
  D'un trait de ce poëme en bons mots si fertile,
Le Français, né malin, forma le Vaudeville ;
Agréable indiscret, qui, conduit par le chant,
Passe de bouche en bouche, et s'accroît en marchant.
La liberté française en ses vers se déploie :
Cet enfant de plaisir veut naître dans la joie.
Toutefois n'allez pas, goguenard dangereux,
Faire Dieu le sujet d'un badinage affreux :
A la fin tous ces jeux que l'athéisme élève
Conduisent tristement le plaisant à la Grève.
Il faut, même en chansons, du bon sens et de l'art.
Mais pourtant on a vu le vin et le hasard
Inspirer quelquefois une muse grossière,
Et fournir, sans génie, un couplet à linière.

Mais pour un vain bonheur qui vous a fait rimer,
Gardez qu'un sot orgueil ne vous vienne enfumer.
Souvent l'auteur altier de quelque chansonnette
Au même instant prend droit de se croire poète :
Il ne dormira plus qu'il n'ait fait un sonnet ;
Il met tous les matins six impromptus au net.
Encore est-ce un miracle, en ses vagues furies,
Si bientôt, imprimant ses sottes rêveries,
Il ne se fait graver au devant du recueil,
Couronné de lauriers par la main de Nanteuil.

CHANT TROISIÈME.

Il n'est point de serpent, ni de monstre odieux,
Qui, par l'art imité, ne puisse plaire aux yeux :
D'un pinceau délicat l'artifice agréable
Du plus affreux objet fait un objet aimable.
Ainsi, pour nous charmer, la Tragédie en pleurs
D'Œdipe tout sanglant fit parler les douleurs,
D'Oreste parricide exprima les alarmes,
Et, pour nous divertir, nous arracha des larmes.

Vous donc qui, d'un beau feu pour le théâtre épris,
Venez en vers pompeux y disputer le prix,
Voulez-vous sur la scène étaler des ouvrages
Où tout Paris en foule apporte ses suffrages,
Et qui, toujours plus beaux plus ils sont regardés,
Soient au bout de vingt ans encor redemandés ?
Que dans tous vos discours la passion émue
Aille chercher le cœur, l'échauffe et le remue.
Si d'un beau mouvement l'agréable fureur
Souvent ne nous remplit d'une douce terreur,

Ou n'excite en notre âme une pitié charmante ;
En vain vous étalez une scène savante :
Vos froids raisonnemens ne feront qu'attiédir
Un spectateur toujours paresseux d'applaudir,
Et qui, des vains efforts de votre rhétorique
Justement fatigué, s'endort, ou vous critique.
Le secret est d'abord de plaire et de toucher :
Inventez des ressorts qui puissent m'attacher.

Que dès les premiers vers l'action préparée
Sans peine du sujet aplanisse l'entrée.
Je me ris d'un acteur qui, lent à s'exprimer,
De ce qu'il veut, d'abord ne sait pas m'informer ;
Et qui, débrouillant mal une pénible intrigue,
D'un divertissement me fait une fatigue.
J'aimerais mieux encore qu'il déclinât son nom,
Et dît, je suis Oreste, ou bien Agamemnon,
Que d'aller, par un tas de confuses merveilles,
Sans rien dire à l'esprit, étourdir les oreilles :
Le sujet n'est jamais assez tôt expliqué.

Que le lieu de la scène y soit fixe et marqué.
Un rimeur, sans péril, delà les Pyrénées,
Sur la scène en un jour renferme des années :
Là souvent le héros d'un spectacle grossier,
Enfant au premier acte, est barbon au dernier.
Mais nous, que la raison à ses règles engage,
Nous voulons qu'avec art l'action se ménage ;
Qu'en un lieu, qu'en un jour, un seul fait accompli
Tienne jusqu'à la fin le théâtre rempli.

Jamais au spectateur n'offrez rien d'incroyable :
Le vrai peut quelquefois n'être pas vraisemblable.
Une merveille absurde est pour moi sans appas :
L'esprit n'est point ému de ce qu'il ne croit pas.
Ce qu'on ne doit point voir, qu'un récit nous l'expose ;
Les yeux en le voyant saisiraient mieux la chose ;

2.

Mais il est des objets que l'art judicieux
Doit offrir à l'oreille et reculer des yeux.
 Que le trouble, toujours croissant de scène en scène,
A son comble arrivé se débrouille sans peine.
L'esprit ne se sent point plus vivement frappé
Que lorsqu'en un sujet d'intrigue enveloppé,
D'un secret tout à coup la vérité connue
Change tout, donne à tout une face imprévue.
 La tragédie, informe et grossière en naissant,
N'était qu'un simple chœur, où chacun en dansant,
Et du dieu des raisins entonnant les louanges,
S'efforçait d'attirer de fertiles vendanges.
Là, le vin et la joie éveillant les esprits,
Du plus habile chantre un bouc était le prix.
 Thespis fut le premier qui, barbouillé de lie,
Promena par les bourgs cette heureuse folie;
Et, d'acteurs mal ornés chargeant un tombereau,
Amusa les passans d'un spectacle nouveau.
 Eschyle dans le chœur jeta les personnages,
D'un masque plus honnête habilla les visages,
Sur les ais d'un théâtre en public exhaussé
Fit paraître l'acteur d'un brodequin chaussé.
 Sophocle enfin, donnant l'essor à son génie,
Accrut encor la pompe, augmenta l'harmonie,
Intéressa le chœur dans toute l'action,
Des vers trop raboteux polit l'expression,
Lui donna chez les Grecs cette hauteur divine
Où jamais n'atteignit la faiblesse latine.
 Chez nos dévots aïeux le théâtre abhorré
Fut longtemps dans la France un plaisir ignoré.
De pèlerins, dit-on, une troupe grossière
En public à Paris y monta la première;
Et, sottement zélé en sa simplicité,
Joua les Saints, la Vierge, et Dieu, par piété.

Le savoir, à la fin dissipant l'ignorance,
Fit voir de ce projet la dévote imprudence.
On chassa ces docteurs prêchant sans mission ;
On vit renaître Hector, Andromaque, Ilion.
Seulement les acteurs laissant le masque antique,
Le violon tint lieu de chœur et de musique.
   Bientôt l'amour, fertile en tendres sentimens,
S'empara du théâtre ainsi que des romans.
De cette passion la sensible peinture
Est pour aller au cœur la route la plus sûre.
Peignez donc, j'y consens, les héros amoureux ;
Mais ne m'en formez pas des bergers doucereux :
Qu'Achille aime autremeut que Thyrsis et Philène ;
N'allez pas d'un Cyrus nous faire un Artamène ;
Et que l'amour, souvent de remords combattu,
Paraisse une faiblesse et non une vertu :
   Des héros de roman fuyez les petitesses :
Toutefois aux grands cœurs donnez quelques faiblesses.
Achille déplairait, moins bouillant et moins prompt :
J'aime à lui voir verser des pleurs pour un affront.
A ces petits défauts marqués dans sa peinture,
L'esprit avec plaisir reconnaît la nature.
Qu'il soit sur ce modèle en vos écrits tracé :
Qu'Agamemnon soit fier, superbe, intéressé ;
Que pour ses dieux Énée ait un respect austère.
Conservez à chacun son propre caractère.
Des siècles, des pays, étudiez les mœurs :
Les climats font souvent les diverses humeurs.
   Gardez-donc de donner, ainsi que dans Clélie,
L'air ni l'esprit français à l'antique Italie ;
Et, sous des noms romains faisant notre portrait,
Peindre Caton galant, et Brutus dameret.
Dans un roman frivole aisément tout s'excuse ;
C'est assez qu'en courant la fiction amuse ;

Trop de rigueur alors serait hors de saison !
Mais la scène demande une exacte raison ;
L'étroite bienséance y veut être gardée.
   D'un nouveau personnage inventez-vous l'idée,
Qu'en tout avec soi-même il se montre d'accord,
Et qu'il soit jusqu'au bout tel qu'on l'a vu d'abord.
   Souvent, sans y penser, un écrivain qui s'aime
Forme tous ses héros semblables à soi-même :
Tout a l'humeur gasconne en un auteur gascon ;
Calprenède et Juba parlent du même ton.
   La nature est en nous plus diverse et plus sage ;
Chaque passion parle un différent langage :
La colère est superbe, et veut des mots altiers ;
L'abattement s'explique en des termes moins fiers.
   Que devant Troie en flamme Hécube désolée
Ne vienne pas pousser une plainte ampoulée,
Ni sans raison décrire en quel affreux pays
Par sept bouches l'Euxin reçoit le Tanaïs.
Tous ces pompeux amas d'expressions frivoles
Sont d'un déclamateur amoureux des paroles.
Il faut dans la douleur que vous vous abaissiez :
Pour me tirer des pleurs, il faut que vous pleuriez.
Ces grands mots dont alors l'acteur emplit sa bouche
Ne partent point d'un cœur que sa misère touche.
   Le théâtre, fertile en censeurs pointilleux,
Chez nous pour se produire est un chant périlleux.
Un auteur n'y fait pas de faciles conquêtes ;
Il trouve à le siffler des bouches toujours prêtes :
Chacun le peut traiter de fat et d'ignorant ;
C'est un droit qu'à la porte on achète en entrant.
Il faut qu'en cent façons, pour plaire, il se replie ;
Que tantôt il s'élève et tantôt s'humilie ;
Qu'en nobles sentimens il soit partout fécond ;
Qu'il soit aisé, solide, agréable, profond ;

Que de traits surprenans sans cesse il nous réveille ;
Qu'il coure dans ses vers de merveille en merveille ;
Et que tout ce qu'il dit, facile à retenir,
De son ouvrage en nous laisse un long souvenir.
Ainsi la tragédie agit, marche et s'explique.

    D'un air plus grand encore la poésie épique,
Dans le vaste récit d'une longue action,
Se soutient par la fable, et vit de fiction.
Là pour nous enchanter tout est mis en usage ;
Tout prend un corps, une âme, un esprit, un visage.
Chaque vertu devient une divinité :
Minerve est la prudence, et Vénus la beauté ;
Ce n'est plus la vapeur qui produit le tonnerre,
C'est Jupiter armé pour effrayer la terre ;
Un orage terrible aux yeux des matelots,
C'est Neptume en courroux qui gourmande les flots ;
Écho n'est plus un son qui dans l'air retentisse,
C'est une nymphe en pleurs qui se plaint de Narcisse.
Ainsi, dans cet amas de nobles fictions,
Le poète s'égaie en mille inventions,
Orne, élève, embellit, agrandit toutes choses,
Et trouve sous sa main des fleurs toujours écloses.
Qu'Énée et ses vaisseaux, par le vent écartés,
Soient aux bords africains d'un orage emportés ;
Ce n'est qu'une aventure ordinaire et commune,
Qu'un coup peu surprenant des traits de la fortune,
Mais que Junon, constante en son aversion,
Poursuive sur les flots les restes d'Ilion ;
Qu'Eole, en sa faveur, les chassant d'Italie,
Ouvre aux vents mutinés les prisons d'Eolie ;
Que Neptume en courroux s'élevant sur la mer,
D'un mot calme les flots, mette la paix dans l'air,
Délivre les vaisseaux, des Syrtes les arrache ;
C'est là ce qui surprend, frappe saisit, attache.

Sans tous ces ornemens le vers tombe en langueur;
La poésie est morte, ou rampe sans vigueur;
Le poète n'est plus qu'un orateur timide,
Qu'un froid historien d'une fable insipide.

C'est donc bien vainement que nos auteurs déçus,
Bannissant de leurs vers ces ornemens reçus,
Pensent faire agir Dieu, ses saints et ses prophètes
Comme ces dieux éclos du cerveau des poètes;
Mettent à chaque pas le lecteur en enfer;
N'offrent rien qu'Astaroth, Belzébuth, Lucifer.
De la foi d'un chrétien les mystères terribles
D'ornemens égayés ne sont point susceptibles :
L'évangile à l'esprit n'offre de tous côtés
Que pénitence à faire et tourmens mérités;
Et de vos fictions le mélange coupable
Même à ses vérités donne l'air de la fable.
Et quel objet enfin à présenter aux yeux,
Que le diable toujours hurlant contre les cieux;
Qui de votre héros veut rabaisser la gloire;
Et souvent avec Dieu balance la victoire!

Le Tasse, dira-t-on, l'a fait avec succès.
Je ne veux point ici lui faire son procès :
Mais, quoi que notre siècle à sa gloire publie,
Il n'eût point de son livre illustré l'Italie,
Si son sage héros, toujours en oraison,
N'eût fait que mettre enfin Satan à la raison;
Et si Renaud, Argant, Tancrède, et sa maîtresse,
N'eussent de son sujet égayé la tristesse.

Ce n'est pas que j'approuve, en un sujet chrétien,
Un auteur follement idolâtre et païen;
Mais, dans une profane et riante peinture,
De n'oser de la fable employer la figure;
De chasser les Tritons de l'empire des eaux;
D'ôter à Pan sa flûte, aux Parques leurs ciseaux;

D'empêcher que Caron, dans la fatale barque,
Ainsi que le berger, ne passe le monarque :
C'est d'un scrupule vain s'alarmer sottement,
Et vouloir aux lecteurs plaire sans agrément.
Bientôt ils défendront de peindre la Prudence,
De donner à Thémis ni bandeau ni balance ;
De figurer aux yeux la Guerre au front d'airain,
Ou le Temps qui s'enfuit un horloge à la main,
Et partout des discours comme une idolâtrie,
Dans leur faux zèle iront chasser l'allégorie.
Laissons-les s'applaudir de leur pieuse erreur :
Mais, pour nous, bannissons une vaine terreur ;
Et fabuleux chrétiens, n'allons point, dans nos songes,
Du Dieu de vérité faire un Dieu de mensonges.

 La fable offre à l'esprit mille agrémens divers :
Là, tous les noms heureux semblent nés pour les vers ;
Ulysse, Agamemnon, Oreste, Idoménée.
Hélène, Ménélas, Pâris, Hector, Énée.
Oh! le plaisant projet d'un poëte ignorant,
Qui de tant de héros va choisir Childebrand !
D'un seul nom quelquefois le son dur ou bizarre
Rend un poëme entier ou burlesque ou barbare.

 Voulez-vous long-temps plaire et jamais ne lasser?
Faites choix d'un héros propre à m'intéresser,
En valeur éclatant, en vertus magnifique ;
Qu'en lui, jusqu'aux défauts, tout se montre héroïque ;
Que ses faits surprenants soient dignes d'être ouïs ;
Qu'il soit tel que César, Alexandre ou Louis ;
Non tel que Polynice et son perfide frère :
On s'ennuie aux exploits d'un conquérant vulgaire.

 N'offrez point un sujet d'incidens trop chargé.
Le seul courroux d'Achille, avec art ménagé,
Remplit abondamment une Iliade entière :
Souvent trop d'abondance appauvrit la matière.

Soyez vif et pressé dans vos narrations ;
Soyez riche et pompeux dans vos descriptions.
C'est là qu'il faut des vers étaler l'élégance :
N'y présentez jamais de basse circonstance.
N'imitez pas ce fou, qui, décrivant les mers,
Et peignant, au milieu de leurs flots entr'ouverts,
L'Hébreu sauvé du joug de ses injustes maîtres,
Met pour le voir passer, les poissons aux fenêtres ;
Peint le petit enfant qui va, saute, revient,
Et joyeux à sa mère offre un caillou qu'il tient.
Sur de trop vains objets c'est arrêter la vue.
Donnnez à votre ouvrage une juste étendue.
Que le début soit simple et n'ait rien d'affecté.
N'allez pas dès l'abord, sur Pégace monté,
Crier à vos lecteurs d'une voix de tonnerre :
« Je chante le vainqueur des vainqueurs de la terre. »
Que produira l'auteur après tous ces grands cris ?
La montagne en travail enfante une souris.
Oh ! que j'aime bien mieux cet auteur plein d'adresse,
Qui, sans faire d'abord de si haute promesse,
Me dit d'un ton aisé, doux, simple, harmonieux,
« Je chante les combats, et cet homme pieux,
« Qui, des bords phrygiens conduit dans l'Ausonie,
« Le premier aborda les champs de Lavinie. »
Sa muse en arrivant ne met pas tout en feu,
Et, pour donner beaucoup, ne nous promet que peu.
Bientôt vous la verrez, prodiguant les miracles,
Du destin des Latins prononcer les oracles ;
De Styx et d'Achéron peindre les noirs torrens,
Et déjà les Césars dans l'Élysée errans.

De figures sans nombre égayez votre ouvrage ;
Que tout y fasse aux yeux une riante image ;
On peut être à la fois et pompeux et plaisant ;
Et je hais un sublime ennuyeux et pesant.

J'aime mieux Arioste et ses fables comiques,
Que ces auteurs toujours froids et mélancoliques;
Qui, dans leur sombre humeur, se croiraient faire affront
Si les Grâces jamais leur déridaient le front.

On dirait que pour plaire, instruit par la nature,
Homère ait à Vénus dérobé sa ceinture.
Son livre est d'agrémens un fertile trésor :
Tout ce qu'il a touché se convertit en or;
Tout reçoit dans ses mains une nouvelle grâce;
Partout il divertit, et jamais il ne lasse.
Une heureuse chaleur anime ses discours :
Il ne s'égare point en de trop longs détours.
Sans garder dans ses vers un ordre méthodique,
Son sujet de soi-même et s'arrange et s'explique;
Tout, sans faire d'apprêts, s'y prépare aisément;
Chaque vers, chaque mot court à l'événement.
Aimez donc ses écrits, mais d'un amour sincère :
C'est avoir profité que de savoir s'y plaire.

Un poème excellent, où tout marche et se suit,
N'est pas de ces travaux qu'un caprice produit :
Il veut du temps, des soins; et ce pénible ouvrage
Jamais d'un écolier ne fut l'apprentissage.
Mais souvent parmi nous un poète sans art,
Qu'un beau feu quelquefois échauffa par hasard,
Enflant d'un vain orgueil son esprit chimérique,
Fièrement prend en main la trompette héroïque;
Sa muse, déréglée en ses vers vagabonds,
Ne s'élève jamais que par sauts et par bonds;
Et son feu, dépourvu de sens et de lecture,
S'éteint à chaque pas, faute de nourriture.
Mais en vain le public, prompt à le mépriser,
De son mérite faux le veut désabuser;
Lui-même, applaudissant à son maigre génie,
Se donne par ses mains l'encens qu'on lui dénie :

Virgile, au prix de lui, n'a point d'invention ;
Homère n'entend point la noble fiction.
Si contre cet arrêt le siècle se rebelle,
A la postérité d'abord il en appelle :
Mais attendant qu'ici le bon sens de retour
Ramène triomphans ses ouvrages au jour,
Leurs tas au magasin, cachés à la lumière,
Combattent tristement les vers et la poussière.
Laissons-les donc entre eux s'escrimer en repos ;
Et, sans nous égarer, suivons notre propos.
   Des succès fortunés du spectacle tragique
Dans Athènes naquit la Comédie antique.
Là le Grec, né moqueur, par mille jeux plaisans
Distilla le venin de ses traits médisans.
Aux accès insolens d'une bouffonne joie
La sagesse, l'esprit, l'honneur furent en proie.
On vit par le public un poète avoué
S'enrichir aux dépens du mérite joué ;
Et Socrate par lui, dans un cœur de nuées,
D'un vil amas de peuple attirer les huées.
Enfin de la licence on arrêta le cours :
Le magistrat des lois emprunta le secours ;
Et, rendant par édit les poètes plus sages,
Défendit de marquer les noms et les visages.
Le théâtre perdit son antique fureur :
La Comédie apprit à rire sans aigreur,
Sans fiel et sans venin sut instruire et reprendre,
Et plut innocemment dans les vers de Ménandre.
Chacun, peint avec art dans ce nouveau miroir,
S'y vit avec plaisir, ou crut ne s'y point voir ;
L'avare, des premiers, rit du tableau fidèle
D'un avare souvent tracé sur son modèle ;
Et mille fois un fat, finement exprimé,
Méconnut le portrait sur lui-même formé.

Que la nature donc soit votre étude unique,
Auteurs qui prétendez aux honneurs du comique.
Quiconque voit bien l'homme, et, d'un esprit profond,
De tant de cœurs cachés a pénétré le fond ;
Qui sait bien ce que c'est qu'un prodigue, un avare,
Un honnête homme, un fat, un jaloux, un bizarre,
Sur une scène heureuse il peut les étaler,
Et les faire à nos yeux vivre, agir et parler.
Présentez-en partout les images naïves ;
Que chacun y soit peint des couleurs les plus vives.
La nature, féconde en bizarres portraits,
Dans chaque âme est marquée à de différens traits ;
Un geste la découvre, un rien la fait paraître ;
Mais tout esprit n'a pas des yeux pour la connaître.

Le temps, qui change tout, change aussi nos humeurs :
Chaque âge à ses plaisirs, son esprit et ses mœurs.

Un jeune homme, toujours bouillant dans ses caprices,
Est prompt à recevoir l'impression des vices ;
Est vain dans ses discours, volage en ses désirs,
Rétif à la censure, et fou dans les plaisirs.

L'âge viril, plus mûr, inspire un air plus sage ;
Se pousse auprès des grands, s'intrigue, se ménage,
Contre les coups du sort songe à se maintenir,
Et loin dans le présent regarde l'avenir.

La vieillesse chagrine incessamment amasse ;
Garde non pas pour soi, les trésors qu'elle entasse ;
Marche en tous ses desseins d'un pas lent et glacé ;
Toujours plaint le présent et vante le passé ;
Inhabile aux plaisirs dont la jeunesse abuse,
Blâme en eux les douceurs que l'âge lui refuse.

Ne faites point parler vos acteurs au hasard,
Un vieillard en jeune homme, un jeune homme en vieillard.

Étudiez la cour, et connaissez la ville :
L'une et l'autre est toujours en modèles fertile.

C'est par là que Molière, illustrant ses écrits,
Peut-être de son art eût remporté le prix,
Si, moins ami du peuple, en ses doctes peintures
Il n'eût point fait souvent grimacer ses figures,
Quitté, pour le bouffon, l'agréable et le fin,
Et sans honte à Térence allié Tabarin :
Dans ce sac ridicule où Scapin s'enveloppe
Je ne reconnais plus l'auteur du Misanthrope.

   Le comique, ennemi des soupirs et des pleurs,
N'admet point en ses vers de tragiques douleurs ;
Mais son emploi n'est pas d'aller, dans une place,
De mots sales et bas charmer la populace :
Il faut que ses acteurs badinent noblement ;
Que son nœud bien formé se dénoue aisément ;
Que l'action, marchant où la raison la guide,
Ne se perde jamais dans une scène vide ;
Que son style humble et doux se relève à propos ;
Que ses discours, partout fertiles en bons mots,
Soient pleins de passions finement maniées,
Et les scènes toujours l'une à l'autre liées.
Aux dépens du bon sens gardez de plaisanter :
Jamais de la nature il ne faut s'écarter.
Contemplez de quel air un père dans Térence
Vient d'un fils amoureux gourmander l'imprudence ;
De quel air cet amant écoute ses leçons,
Et court chez sa maîtresse oublier ces chansons.
Ce n'est pas un portrait, une image semblable ;
C'est un amant, un fils, un père véritable.

   J'aime sur le théâtre un agréable auteur
Qui, sans se diffamer aux yeux du spectateur,
Plait par la raison seule, et jamais ne la choque :
Mais pour un faux plaisant à grossière équivoque,
Qui pour me divertir n'a que la saleté,
Qu'il s'en aille, s'il veut, sur deux tréteaux monté,

Amusant le Pont-Neuf de ses sornettes fades,
Aux laquais assemblés jouer ses mascarades.

CHANT QUATRIÈME.

Dans Florence jadis vivait un médecin,
Savant hableur, dit-on, et célèbre assassin.
Lui seul y fit longtemps la publique misère :
Là le fils orphelin lui redemande un père,
Ici le frère pleure un frère empoisonné :
L'un meurt vide de sang, l'autre plein de séné :
Le rhume à son aspect se change en pleurésie,
Et par lui la migraine est bientôt frénésie.
Il quitte enfin la ville, en tous lieux détesté.
De tous ses amis morts un seul ami resté
Le mène en sa maison de superbe structure.
C'était un riche abbé, fou de l'architecture.
Le médecin d'abord semble né dans cet art,
Déjà de bâtimens parle comme Mansard :
D'un salon qu'on élève il condamne la face ;
Au vestibule obscur il manque une autre place ;
Approuve l'escalier tourné d'autre façon.
Son ami le conçoit, et mande son maçon.
Le maçon vient, écoute, approuve, et se corrige.
Enfin, pour abréger un si plaisant prodige,
Notre assassin renonce à son art inhumain ;
Et désormais, la règle et l'équerre à la main,
Laissant de Galien la science suspecte,
De méchant médecin devient bon architecte.

Son exemple est pour nous un précepte excellent.
Soyez plutôt maçon, si c'est votre talent,

3.

Ouvrier estimé dans un art nécessaire,
Qu'écrivain du commun, et poète vulgaire.
Il est dans tout autre art des degrés différens :
On peut avec honneur remplir les seconds rangs ;
Mais, dans l'art dangereux de rimer et d'écrire,
Il n'est point de degrés du médiocre au pire :
Qui dit froid écrivain dit détestable auteur.
Boyer est à Pinchêne égal pour le lecteur ;
On ne lit guère plus Rampale et Menardière,
Que Magnon, du Souhait Corbin et La Morlière.
Un fou du moins fait rire, et peut nous égayer :
Mais un froid écrivain ne sait rien qu'ennuyer.
J'aime mieux Bergerac et sa burlesque audace,
Que ces vers où Motin se morfond et nous glace.

Ne vous enivrez point des éloges flatteurs
Qu'un amas quelquefois de vains admirateurs
Vous donne en ces réduits, prompts à crier : Merveille !
Tel écrit récité se soutint à l'oreille,
Qui, dans l'impression au grand jour se montrant,
Ne soutient pas des yeux le regard pénétrant.
On sait de cent auteurs l'aventure tragique :
Et Gombaud, tant loué, garde encore la boutique.

Écoutez tout le monde, assidu consultant :
Un fat quelquefois ouvre un avis important.
Quelques vers toutefois qu'Apollon vous inspire,
En tous lieux aussitôt ne courez pas les lire.
Gardez-vous d'imiter ce rimeur furieux,
Qui, de ses vains écrits lecteur harmonieux,
Aborde en récitant quiconque le salue,
Et poursuit de ses vers les passans dans la rue.
Il n'est temple si saint des anges respecté,
Qui soit contre sa muse un lieu de sûreté.

Je vous l'ai déjà dit : aimez qu'on vous censure,
Et, souple à la raison, corrigez sans murmure.

Mais ne vous rendez pas dès qu'un sot vous reprend.

Souvent dans son orgueil un subtil ignorant
Par d'injustes dégoûts combat toute une pièce,
Blâme des plus beaux vers la noble hardiesse.
On a beau réfuter ses vains raisonnemens,
Son esprit se complaît dans ses faux jugemens ;
Et sa faible raison, de clarté dépourvue,
Pense que rien n'échappe à sa débile vue.
Ses conseils sont à craindre; et si vous les croyez,
Pensant fuir un écueil, souvent vous vous noyez.

Faites choix d'un censeur solide et salutaire,
Que la raison conduise et le savoir éclaire,
Et dont le crayon sûr d'abord aille chercher
L'endroit que l'on sent faible, et qu'on se veut cacher.
Lui seul éclaircira vos doutes ridicules,
De votre esprit tremblant lèvera les scrupules.
C'est lui qui vous dira par quel transport heureux
Quelquefois dans sa course un esprit vigoureux,
Trop resserré par l'art, sort des règles prescrites,
Et de l'art même apprend à franchir leurs limites.
Mais ce parfait censeur se trouve rarement.
Tel excelle à rimer qui juge sottement :
Tel s'est fait par ses vers distinguer dans la ville,
Qui jamais de Lucain n'a distingué Virgile.

Auteurs prêtez l'oreille à mes instructions.
Voulez-vous faire aimer vos riches fictions ?
Qu'en savantes leçons votre muse fertile
Partout joigne au plaisant le solide et l'utile.
Un lecteur sage fuit un vain amusement,
Et veut mettre à profit son divertissement.

Que votre âme et vos mœurs, peintes dans vos ouvrages,
N'offrent jamais de vous que de nobles images.
Je ne puis estimer ces dangereux auteurs
Qui de l'honneur, en vers, infâmes déserteurs ;

Trahissant la vertu sur un papier coupable,
Aux yeux de leurs lecteurs rendent le vice aimable.
　Je ne suis pas pourtant de ces tristes esprits
Qui, bannissant l'amour de tous chastes écrits,
D'un si riche ornement veulent priver la scène,
Traitent d'empoisonneurs et Rodrigue et Chimène.
L'amour le moins honnête, exprimé chastement
N'excite point en nous de honteux mouvement ;
Didon a beau gémir et m'étaler ses charmes,
Je condamne sa faute en partageant ses larmes.
　Un auteur vertueux, dans ses vers innocens,
Ne corrompt point le cœur en chatouillant les sens :
Son feu n'allume point de criminelle flamme.
Aimez donc la vertu, nourrissez-en votre âme :
En vain l'esprit est plein d'une noble vigueur,
Le vers se sent toujours des bassesses du cœur.
　Fuyez surtout, fuyez ces basses jalousies,
Des vulgaires esprits malignes frénésies.
Un sublime écrivain n'en peut être infecté ;
C'est un vice qui suit la médiocrité.
Du mérite éclatant cette sombre rivale
Contre lui chez les grands incessamment cabale ;
Et sur les pieds en vain tâchant de se hausser,
Pour s'égaler à lui cherche à le rabaisser.
Ne descendons jamais dans ces lâches intrigues :
N'allons point à l'honneur par de honteuses brigues.
　Que les vers ne soient pas votre éternel emploi.
Cultivez vos amis, soyez homme de foi :
C'est peu d'être agréable et charmant dans un livre ;
Il faut savoir encore et converser et vivre.
　Travaillez pour la gloire, et qu'un sordide gain
Ne soit jamais l'objet d'un illustre écrivain.
Je sais qu'un noble esprit peut sans honte et sans crime
Tirer de son travail un tribut légitime :

Mais je ne puis souffrir ces auteurs renommés,
Qui, dégoûtés de gloire, et d'argent affamés,
Mettent leur Apollon aux gages d'un libraire,
Et font d'un art divin un métier mercenaire.

Avant que la raison, s'expliquant par la voix,
Eût instruit les humains, eût enseigné des lois,
Tous les hommes suivaient la grossière nature,
Dispersés dans les bois couraient à la pâture ;
La force tenait lieu de droit et d'équité ;
Le meurtre s'exerçait avec impunité.
Mais du discours enfin l'harmonieuse adresse
De ces sauvages mœurs adoucit la rudesse,
Rassembla les humains dans les forêts épars,
Enferma les cités de murs et de remparts,
De l'aspect du supplice effraya l'insolence,
Et sous l'appui des lois mit la faible innocence.
Cet ordre fut, dit-on, le fruit des premiers vers.
De là sont nés ces bruits reçus dans l'univers,
Qu'aux accens dont Orphée emplit les monts de Thrace,
Les tigres amollis dépouillaient leur audace ;
Qu'aux accords d'Amphion les pierres se mouvaient
Et sur les murs thébains en ordre s'élevaient.
L'harmonie en naissant produisit ces miracles.
Depuis, le ciel en vers fit parler les oracles ;
Du sein d'un prêtre, ému d'une divine horreur,
Apollon par des vers exhala sa fureur.
Bientôt, rescuscitant les héros des vieux âges,
Homère aux grands exploits anima les courages.
Hésiode à son tour, par d'utiles leçons,
Des champs trop paresseux vint hâter les moissons.
En mille écrits fameux la sagesse tracée
Fut, à l'aide des vers, aux mortels annoncée ;
Et partout des esprits ses préceptes vainqueurs,
Introduits par l'oreille, entrèrent dans les cœurs.

Pour tant d'heureux bienfaits les muses révérés
Furent d'un juste encens dans la Grèce honorées ;
Et leur art, attirant le culte des mortels,
A sa gloire en cent lieux vit dresser des autels.
Mais enfin, l'indigence amenant la bassesse,
Le Parnasse oublia sa première noblesse.
Un vil amour du gain, infectant les esprits,
De mensonges grossiers souilla tous les écrits ;
Et partout, enfantant mille ouvrages frivoles,
Trafiqua du discours et vendit les paroles.

Ne vous flétrissez point par un vice si bas.
Si l'or seul a pour vous d'invincibles appas,
Fuyez ces lieux charmans qu'arrose le Permesse :
Ce n'est point sur ses bords qu'habite la richesse.
Aux plus savans auteurs, comme aux plus grands guerriers,
Apollon ne promet qu'un nom et des lauriers.

Mais quoi ! dans la disette une muse affamée
Ne peut pas, dira-t-on, subsister de fumée ;
Un auteur qui, pressé d'un besoin importun,
Le soir entend crier ses entrailles à jeun,
Goûte peu d'Hélicon les douces promenades :
Horace a bu son soul quand il voit les Ménades ;
Et, libre du souci qui trouble Colletet,
N'attend pas pour dîner le succès d'un sonnet.

Il est vrai : mais enfin cette affreuse disgrâce
Rarement parmi nous afflige le Parnasse.
Et que craindre en ce siècle, où toujours les beaux arts
D'un astre favorable éprouvent les regards ;
Où d'un prince éclairé la sage prévoyance
Fait partout au mérite ignorer l'indigence ?

Muses, dictez sa gloire à tous vos nourrissons :
Son nom vaut mieux pour eux que toutes vos leçons.
Que Corneille, pour lui rallumant son audace,
Soit encore le Corneille et du Cid et d'Horace :

Que Racine, enfantant des miracles nouveaux
De ses héros sur lui forme tous les tableaux.
Que de son nom, chanté par la bouche des belles,
Benserade en tous lieux amuse les ruelles :
Que Segrais dans l'églogue en charme les forêts ;
Que pour lui l'épigramme aiguise tous ses traits.
Mais quel heureux auteur, dans une autre Énéide,
Aux bords du Rhin tremblant conduira cet Alcide?
Quelle savante lyre au bruit de ses exploits
Fera marcher encore les rochers et les bois ;
Chantera le Batave, éperdu dans l'orage,
Soi-même se noyant pour sortir du naufrage ;
Dira les bataillons sous Mastricht enterrés,
Dans ces affreux assauts du soleil éclairés ?

Mais tandis que je parle une gloire nouvelle
Vers ce vainqueur rapide aux Alpes vous appelle.
Déjà Dole et Salins sous le joug ont ployé ;
Besançon fume encor sous son roc foudroyé.
Où sont ces grands guerriers dont les fatales ligues
Devaient à ce torrent opposer tant de digues ?
Est-ce encore en fuyant qu'ils pensent l'arrêter,
Fier du honteux honneur d'avoir su l'éviter ?
Que de remparts détruits ! que de villes forcées !
Que de moissons de gloire en courant amassées !

Auteurs, pour les chanter, redoublez vos transports :
Le sujet ne veut pas de vulgaires efforts.

Pour moi, qui, jusqu'ici nourri dans la satire,
N'ose encor manier la trompette et la lyre,
Vous me verrez pourtant, dans ce chant glorieux,
Vous animer du moins de la voix et des yeux ;
Vous offrir ces leçons que ma muse au Parnasse
Rapporta, jeune encor, du commerce d'Horace ;
Seconder votre ardeur, échauffer vos esprits,
Et vous montrer de loin la couronne et le prix,

Mais aussi pardonnez, si, plein de ce beau zèle,
De tous vos pas fameux observateur fidèle,
Quelquefois du bon or je sépare le faux ;
Et des auteurs grossiers j'attaque les défauts :
Censeur un peu fâcheux, mais souvent nécessaire,
Plus enclin à blâmer que savant à bien faire.

FIN.

AVIS.

Les éditeurs de cet ouvrage publieront successivement, dans le même format, une série de chef-d'œuvres des auteurs français et étrangers. Le tout formera un beau et fort volume.

Les personnes qui souscriront d'avance au dépôt central recevront, sans augmentation de prix, les livraisons à leur domicile.

Chaque livraison sera composée de 36 pages d'impression et d'une jolie couverture imprimée, et se vendra séparément au prix de 20 centimes.

On fera une forte remise aux personnes qui souscriront pour plusieurs exemplaires à la fois.

SOUS PRESSE :
Le Paradis perdu, de Milton, traduit de l'anglais.

PUBLICATIONS NOUVELLES,
RUE DE L'ÉCOLE DE MÉDECINE, 12 :

CHRONIQUES CHEVALERESQUES DE L'ESPAGNE ET DU PORTUGAL, suivies du TISSERAND DE SÉGOVIE, par **Ferdinand Denis**, bibliothécaire de l'instruction publique, 2 vol. in-8.   15 »»

ANDRÉ LE VOYAGEUR, suivi du BRAHME et d'un NAUFRAGE AUX ILES CROZET ET MARION, ouvrage couronné par l'Académie et propre à être donné en prix, 1 vol. in-8, avec 8 gravures, par M. **Ferdinand Denis**, bibliothécaire de l'Instruction publique.   6 »»

www.ingramcontent.com/pod-product-compliance
Lightning Source LLC
Chambersburg PA
CBHW060521050426
42451CB00009B/1097